Susanne Lütje, 1970 geboren, studierte Geschichte, Germanistik und Amerikanistik in Hamburg. Während des Studiums recherchierte sie für die NDR Talkshow, renovierte Wohnungen, übersetzte englische Interviews fürs Radio, arbeitete als Korrekturleserin und assistierte am Kieler Schauspielhaus und beim Film. Inzwischen wohnt sie in Hamburg und schreibt Kinderbücher, Drehbücher und Theaterstücke.

Elli Bruder, geboren 1980 in der Pfalz, hat schon als kleines Mädchen gern Bildergeschichten für ihre Geschwister gemalt. Seit dem Studium und einigen Jahren in Schottland arbeitet sie als Grafikerin und Illustratorin für verschiedene Kinderbuchverlage. Am liebsten zeichnet sie Tiere, Kinder und Pflanzen. Und natürlich lustige, kleine Wichtel! Elli Bruder lebt mit ihrem Mann und vielen Tieren in Norddeutschland.

4. Auflage
© 2018 Verlag Friedrich Oetinger GmbH,
Max-Brauer-Allee 34, 22765 Hamburg
Alle Rechte vorbehalten
© Text: Susanne Lütje
© Einband und Illustrationen: Elli Bruder
Druck und Bindung: Livonia Print SIA,
Jūrkalnes iela 15/25, LV-1046 Riga, Lettland
*Printed 2023/3
ISBN 978-3-7891-0813-6

www.oetinger.de

Susanne Lütje

Weihnachten im Wichtelwald

Mit Illustrationen von Elli Bruder

Verlag Friedrich Oetinger · Hamburg

Gut versteckt im tief verschneiten Winterwald
gibt es ein kleines Haus. Es hängt hoch oben im
Wipfel eines Baumes zwischen den schneebedeckten
Zweigen. Wenn man ganz genau hinschaut, dann kann
man es sehen: das kleine, geheime Tannenbaumhaus!

Dort wohnen die Wichtel vom Winterwald –
die Wichtelmama, der Wichtelpapa und die vier
Wichtelkinder.
Es gibt natürlich ganz verschiedene Wichtel. Es
gibt große Wichtel und kleine Wichtel. Und dann
sind da die Wichtel vom Winterwald – die sind
klitzeklein, um nicht zu sagen: winzig.

Bei den Wichteln geht es immer fröhlich zu, doch heute ist ein ganz besonderer Tag. Denn heute Abend wird Wichtelweihnacht gefeiert! Von allen Wichtelfesten ist Weihnachten am allerbesten. Und damit auch in diesem Jahr alles rundum schön und wunderbar wird, haben die Wichtel noch viel zu tun.

»*Du* hast nur eines zu tun«, sagt Papa und gibt dem kleinsten Wichtel einen Kuss. »Du ruhst dich aus, damit du heute Abend ausgeschlafen bist.«

Dafür wirbeln die anderen Wichtel umso mehr durch das Haus. Sie fegen die Zimmer und klopfen die Teppiche aus. Sie wischen den Tisch mit Rosmarinwasser. Sie stellen Kerzen in die Fenster. Sie hängen Wichtelgirlanden und bunte Kugeln auf. Sie rösten Nüsse und backen Weihnachtsplätzchen, Früchtebrot und Lebkuchen, bis das ganze Wichtelhaus festlich geschmückt ist und köstlich duftet.

RUMMS

Doch plötzlich, RUMMSDIWUMMS, purzelt alles durcheinander!
»Festhalten!«, ruft der Wichtelpapa.
Kerzen kippen um. Girlanden zerreißen. Tannensterne fallen zu
Boden. Nüsse kullern durchs Zimmer. Plätzchen hüpfen vom
Backblech. Und mitten in diesem ganzen Durcheinander rutschen
die Wichtel hin und her! Huuuuuiiiiiii! Erst rutschen sie RUMMS
nach vorn, dann rutschen sie WUMMS zurück. Und dann?

Dann ist der Spuk vorbei.

»Oha! Was war das?«, fragt ein Wichtelkind verwirrt.

»Was war das? Was war das? Ja, was?«, rufen die anderen Wichtelkinder laut durcheinander – alle bis auf das kleinste Wichtelkind, denn das liegt in seiner Wiege und schläft schon wieder so tief und fest, als wäre nichts geschehen.

»Was für ein Wirrwarr und Kuddelmuddel!«, brummt der Wichtelpapa und sieht sich kopfschüttelnd um.

»Wenn das die verrückten Eichhörnchen waren, ziehe ich ihnen die Puschelohren lang«, verspricht die Wichtelmama und sammelt die Weihnachtsplätzchen ein.

»Ich geh mal nachschauen!«, ruft das größte Wichtelkind.

»Ich auch! Ich auch!«, rufen die beiden anderen sofort, und alle drei rennen zum Fenster.

»Ooooh«, murmeln sie leise und drücken sich die Wichtelnasen platt.
»Was ist los? Ist es der Dachs? Der Hirsch? Der Fuchs?«, fragt die
Wichtelmama und tritt ans Fenster. »Ooooh!«
»Was ist denn?«, fragt der Wichtelpapa erstaunt. »Ihr macht ein
Gesicht, als ob der Weihnachtswichtel höchstpersönlich auf unseren
Baum geklettert kommt.« Lachend tritt er ebenfalls ans Fenster und
verstummt.

»Sind *das* Weihnachtswichtel?«, fragt eines der Kinder leise.

»Nein«, flüstert die Mama zurück. »Das sind keine Weihnachtswichtel. Das sind Menschen.«

Die drei Wichtelkinder machen große Augen. *Menschen?* Hier im Wichtelwald? Das gibt es doch gar nicht!

Doch da unten stehen vier Gestalten um den Wichtelbaum herum.

»Guckt mal«, murmelt die Wichtelmama. »Der größte von ihnen bewegt den Mund. Ich glaube, sie reden miteinander.«

»Das muss ich hören«, denkt das größte Wichtelkind und flitzt zur Tür.

»Bist du verrückt geworden?«, ruft der Wichtelpapa erschrocken. »Bleib hier! Du kennst doch die Geschichten! Menschen sind gefährlich. Ganz und gar unberechenbar. Ja, schlimmer noch: Sie sind vollkommen unwichtelig!«

Doch da ist der kleine Wichtel schon durch die Tür nach draußen entwischt. Geschickt klettert er auf einem verschneiten Ast entlang, bis er alles gut sehen und hören kann. Denn so erstaunlich es ist: Die Menschen da unten sprechen nicht irgendeine fremde Sprache – sie sprechen Wichtelisch!

»Seid ihr sicher, dass es dieser Baum sein soll?«, fragt der größte Mensch, und die kleineren Menschen, ein Junge und ein Mädchen, nicken.

»Ja«, ruft das Mädchen, »das ist unser Weihnachtsbaum! Der hat nur auf uns gewartet.«

»Na dann«, sagt der Mann und greift nach einer großen Säge.

»Warte mal, was?!«, denkt das Wichtelkind erschrocken.
»Erst mal muss der Schnee herunter«, sagt der Mann und umfasst
den Stamm des Baumes.

Noch bevor der Wichtel begreift, was das bedeuten soll, beginnt der
Mann, den Baum zu rütteln und zu schütteln.
»Ahhhhhh!« Es ist nicht nur Schnee, der herunterfällt!
Auch das Wichtelkind verliert den Halt. Es stürzt mit einem lauten
Hilferuf nach unten, geradewegs auf den gefrorenen Waldboden zu.
Doch dann …

Huch! Das Wichtelkind sieht sich verwundert um.
Nichts passiert! Alles heil! Es ist nicht auf dem harten Waldboden
gelandet, sondern weich und warm – in einem Handschuh aus
Wolle!
»Huch!«, ruft das Menschenmädchen und schaut den winzigen
Wichtel in ihrer Hand an.
»Boah!« Der Junge tritt ganz nah heran. »Was ist denn das?«
»Was ist was?«, fragt die Frau verdutzt. Auch der Mann
macht ein ratloses Gesicht.
»Na hier!«, ruft das Mädchen und hält ihnen den
Wichtel hin. »Das ist doch unglaublich!«

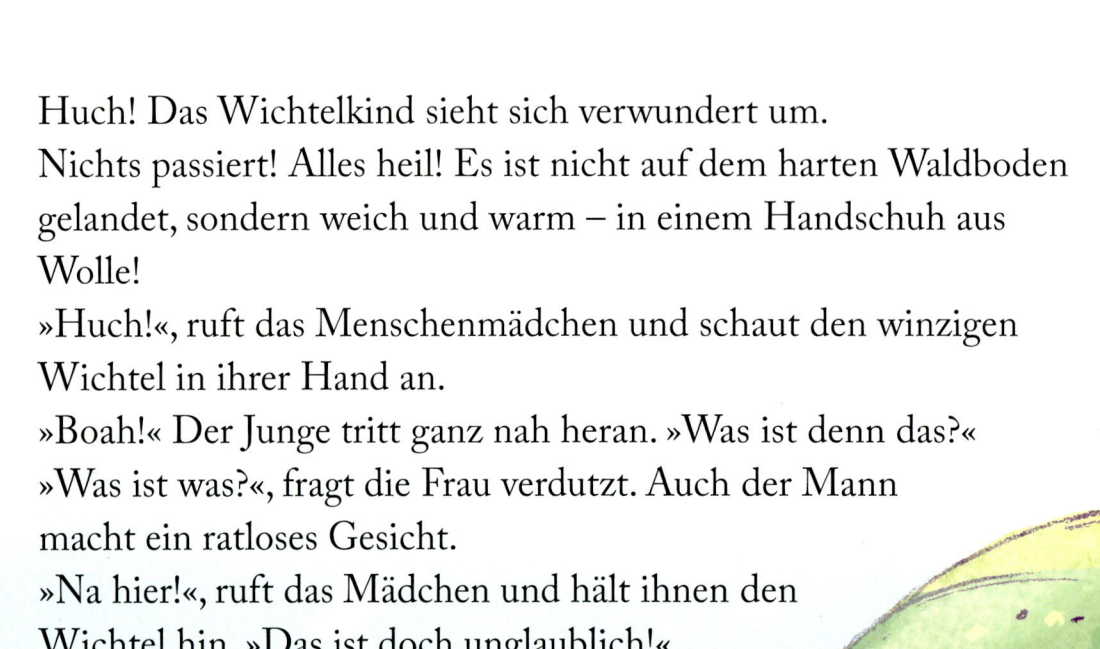

Doch die großen Menschen sehen den kleinen Wichtel nicht. Und sie können ihn auch nicht hören.

»Das ist ja völlig verrückt«, flüstert das Mädchen ihrem Bruder zu.

Sie sind so riesig, diese Kinder. Doch sie strahlen den winzigen Wichtel so freundlich an, dass seine Angst kleiner und kleiner wird und schließlich ganz verschwindet. Erleichtert richtet er sich in dem Handschuh auf, da setzt der Vater die Säge an den Stamm des Wichtelbaumes.

»Oh nein!«, schreit der Wichtel. »Das ist unser Zuhause. Da oben ist meine Familie!« Er deutet hinauf zum Tannenbaumhaus, wo die Wichtelmama und der Wichtelpapa mit den drei kleinen Wichteln vor der Tür kauern und sorgenvoll zu ihnen herunterschauen.

»Halt!«, ruft der Junge und zieht seinen Vater an der Jacke. »Warte!«

Es ist ein langer Moment. Ein schrecklich banger Moment. Der kleine Wichtel schließt die Augen und wünscht sich ein Wunder!

Und das Wunder geschieht! Der Vater brummt, doch die Säge schweigt. Der Wichtelbaum bleibt stehen.

Als der kleine Wichtel sein Glück endlich fassen kann, springt er vor Freude in dem Handschuh des Mädchens auf und ab. Er winkt seiner Familie zu und ruft: »Gerettet! Wir sind gerettet! Es ist ein richtiges wichteliges Weihnachtswunder!«

»Gerettet, gerettet!«, rufen auch die Kinder. »Hurra!«

Die beiden großen Menschen gucken die kleinen verdutzt an.

»Ich glaube, ihr habt einen schlimmen Anfall von Weihnachtsfieber«, sagt die Frau zu den Kindern. »Wollt ihr lieber einen anderen Tannenbaum?«

Die beiden Geschwister sehen einander an und lächeln.

»Wir haben eine bessere Idee«, sagt das Mädchen.

Dann setzt sie den kleinen Wichtel behutsam auf einen Tannenzweig und flüstert geheimnisvoll: »Bis später!«

Es wird langsam dunkel, als die Menschen zurückkehren. Sie ziehen Schlitten hinter sich her mit kleinen und großen Schachteln darauf. Was haben die vier wohl vor?
Neugierig klettert das größte Wichtelkind die Tanne ein Stück nach unten und springt dem Jungen auf die Schulter.
Das Mädchen öffnet die erste Schachtel, und der kleine Wichtel beugt sich vor, um besser sehen zu können.
»Oooooh«, murmelt er andächtig. »Jetzt weiß ich, was wir machen. Das wird schön.«

Genauso ist es. Es wird der schönste Weihnachtsbaum im Winterwald.

»Von all den vielen Wichtelfesten ist dieses hier am allerbesten«, murmelt der Wichtel und freut sich, wie die Sterne funkeln – oben am Himmel und unten am Weihnachtsbaum. Es riecht nach Honigkerzen und gerösteten Nüssen.

Wer hätte gedacht, dass sie eines Tages Weihnachten zusammen feiern? Menschen und Wichtel. Das ist doch wie im Märchen!